## Introduction

***I Know How You Feel!*** **Trust me I do, this book is going to exactly tell your innermost feelings. The things you have been shying away for a long time. Somethings that always remained saved in draft section of your email, the message you typed but didn't send.**

**This book is my discovery in to human emotions, feelings that were left unsaid. Things that you wanted to tell but stopped your self because of being judged. If you have ever felt that, then you have a listener in me. Who is just putting every thing you ever thought of on paper.**

**These are poetic emotions and some of these I went through personally, some were an imagination, some were nightmares and I left few things to fantasy. A grain of salt may just not be enough for this journey. I promise you a roller coaster ride into happiness, sadness, love, pain, suffering, silence and a lot more with these twisted tales.**

**Just hold on to your thoughts there only, before you start feeling these emotions. I hope you would enjoy it as much I enjoyed writing these. If you do feel these deep then as I started by saying.**
***I Know How You Feel!***

Taran

## Acknowledgements

I am thankful to all the people who ever came across in my life. My friends, family, relatives, acquaintances, colleagues who ever shared some of their valuable time with me in person, over the phone calls, emails or chats.

You all somehow add to be an inspiration of this book.

I was deeply moved by some of the tales I heard, some of them were quite amusing, some made me furious while some left me speechless.

Overall this book has become a crux of me being a listener to all those beautiful tales and finding my own meaning towards life. Now I have become a story teller for you all.

Special thanks to family & friends for all the love and support.

Love & Myths,

Taran

**In all those nights of tears**
**In all those days of fears**
**Every time I hoped for a helping hand**
**Every time I hoped attention**
**for longer span**
**Just longing for that man to be**
**A touch that can feel the girl in me**
**Let me tell you the tale of that night**
**With all the highs and lows in sight**

There's a demon I see in my dream,
won't let me go no matter how hard I scream.
It ties me a cord to keep in loop,
the dream won't end in this cube
Perhaps I am stuck in a different hell,
The only way out seems like breaking the shell.
In the end I cut loose out in reality,
And will continue to fall for further brutality.

Love & Myths

**The wings that froze in time,**
**Now bigger and stronger are mine.**
**The wings take me back to a flight,**
**Beyond the clouds in search of new light.**
**I look down at people with clipped remains,**
**Just wondering what they are waiting for to start flying again.**
**The comfort of nesting never let's you go,**
**Let your imaginations become the wings to glory though.**

**The intimacy I want**
**is when I can see through**
**your body and soul,**
**when I can touch your**
**deepest insecurities,**
**when I can smell your**
**fragrances and fears,**
**when I can taste your love**
**and passion,**
**when I can hear your**
**noise and silence.**

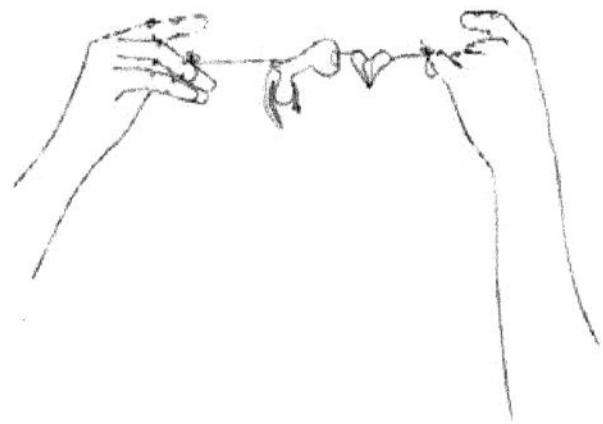

**We mix and merge like**
**the beat in the heart,**
**the dust in the stars.**
**like the sun in the day,**
**the evening in the grey.**
**like the thread in the cloth,**
**the flame in the moth.**

**I never knew you would come back like**
**a soul back from dead to life.**
**Don't just hang around for another chance,**
**I don't want to be there for one more dance.**
**I want to hold you close this time,**
**Dare you ever commit this crime.**
**Take me with you on that voyage now.**
**Far enough for us to take that vow.**

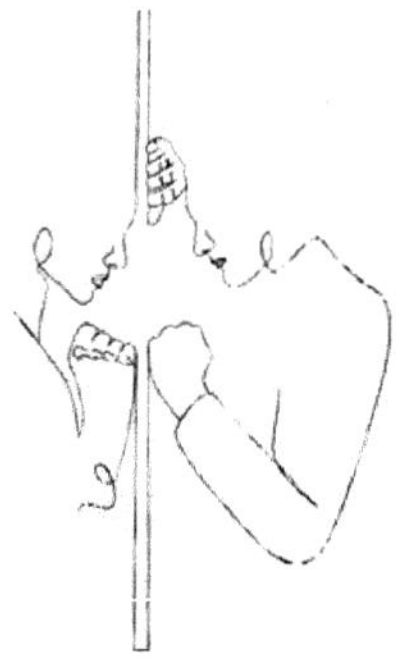

**I am in search of**
**the universe that doesn't let me sleep,**
**the wait that I no longer want to keep.**
**the eyes looking for wings to fly,**
**the ascend that won't stop at sky.**
**the heart that wouldn't be afraid,**
**the mind that cannot be betrayed.**

**Off late I have forgotten to converse**
**Expressions seems to be more vocal and offensive,**
**Whom should I talk to, I wonder**
**Everyone is on defensive.**
**May be I am trying to make that space,**
**Being courageous enough to take on face.**
**The art of conversation has lost its charm,**
**The words are often used just to harm.**
**It's true I have forgotten how to converse.**

**Those stale roses**
**reminds me about once**
**a blooming story,**
**A story that has lost**
**in vortex of time.**
**A time when everything**
**that left was mine.**
**The divine left me speechless**
**nothing now adds up to a dime**

The shadow I admire,
is the one that isn't hired.
The shadow has shown
me the glorious path.
The shadow has saved
me from the worldly wrath.
My admiration for the
image is on the rise.
There's no way I can forget
that image in the highs.
The shadow I admire,
is the one that isn't hired

**I'm stained with pain**
**The witch takes me down the slope**
**It won't go in vain.**
**It has shown me light of wisdom,**
**The knight can take me away**
**Not far from the kingdom.**
**One has to be totally insane,**
**Still fighting my demons**
**All that's left now is my game.**

**The intimacy we share**
**Its pretty rare,**
**Under those sheets,**
**I don't want you to spare.**
**Let me feel those depths of love,**
**Those heights of pleasure,**
**Keep me close**
**Like your own treasure.**
**Kiss me to desire,**
**Bite me to dire.**
**Let's keep the passion alive,**
**Until we get on fire.**

**Whenever I write about moon**
**I am thinking about the memories.**
**Memories I once lived,**
**That always stayed with me.**
**Every time I see that full moon,**
**I want to relive those moments,**
**I want to feel that love again.**

**I burn in my own fire**
**That yellow flame of rage,**
**The rage that keeps me awake.**
**It keeps me alive and kicking,**
**Until I am**
**Done with winning.**
**Douse this fire and I am gone,**
**Never to be seen**
**Again till a new dawn.**

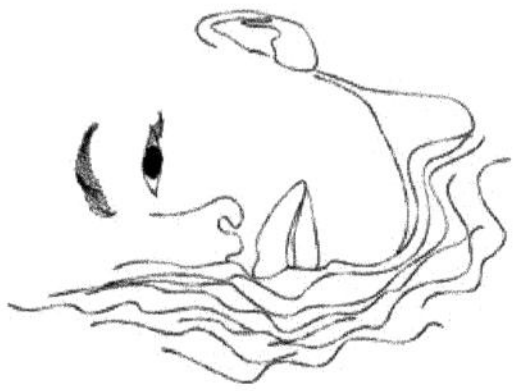

**When the night howls**
**The city sleeps deep,**
**The sky is endless blue ocean,**
**I am still awake waiting to prowl.**
**Waiting to go for the kill,**
**Giving me all that needed will.**
**The moon is shining bright,**
**I am running for the final fight.**
**Looking to conquer where I left**
**And I get that chance to thump the chest.**

The warmth of your love
Is the fuel to fire igniting us,
Those blue flames are high on lust.
When I see you going for the shove.
The battle of control takes me over,
All I want now is to go pretty slower.
The love has drenched me all in passion,
Don't just limit yourself to the fraction.
Let's just unfold the
mystery of this night,
We can both go
together to that height.

Love & Myths

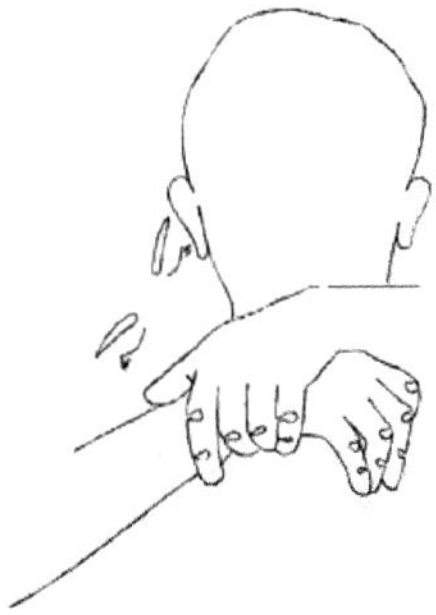

**I still bloom**
**with a fragrance**
**called life,**
**Love is not just enough**
**to bring home the skies.**
**Let me dance**
**to the beat of rain,**
**before I am left**
**with no brain.**
**So that I can bloom**
**to the end,**
**the way I**
**now bloom,**
**With a fragrance**
**called life.**

**Illusions are**
**my unfulfilled dreams.**
**Every time I see one**
**my heart screams.**
**Screams for things I didn't achieve**
**everything in what**
**I once believed**

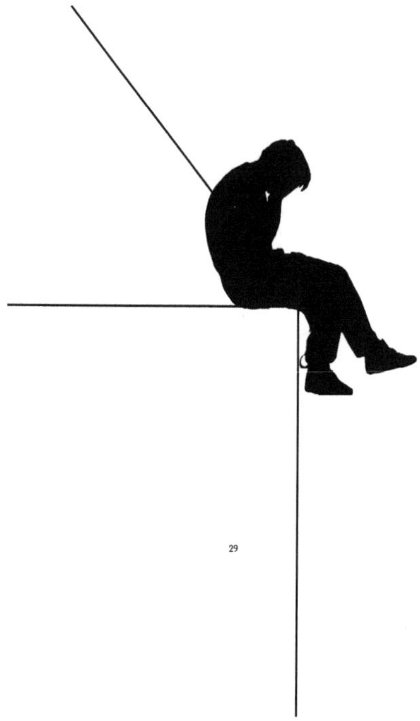

**Those dark memories**
**are the only**
**things I have now.**
**The remains I still**
**cherish somehow.**
**I hate myself for not**
**holding on.**
**Still waiting for**
**something which is long gone.**

**Take me to the place where**
**the sky meets the ground,**
**and our breath is the only sound.**
**Where the eyes only see the blue, and**
**the dancing cosmos in the view.**

**In the dark I was wondering through the highway,**
**Saw a chariot rushing in across my way.**
**Lighting the night with the glowing wheels,**
**The speed took away everyone's steal.**
**She said that was karma rocking our dreams.**
**The vision once again opened the long vanished stream.**

I pack my memories in a suitcase and
start walking the distance.
On my way to the unknown,
I am looking for an escape.
I just want to disappear
in that room, away from the ideals.
Never to be seen again fighting
in this crusade.

Love & Myths

**I bare myself to you**
**You looked through my**
**eyes deep inside the**
**soul,**
**that gaze just devastated**
**me with**
**no control.**
**The self that was hidden**
**for years,**
**afraid to be drowned**
**in tears.**
**Is now out to fly**
**reaching for the**
**blue sky.**

**I sink into the night
with my eyes wide
open, constantly
struggling to reach for
the surface.
The destination looks like a
mirage the closer I reach
farther away I am.**

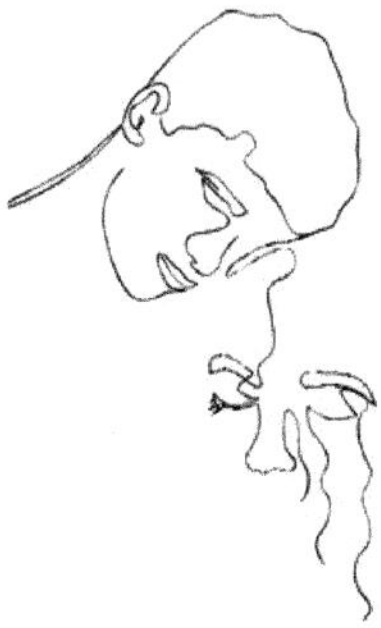

**I threw away the letters I wrote to you**
**I threw away those emotions I had for you.**
**I ended that love which we once adored.**
**I stabbed that feeling with a sword.**
**I woke up to the bitter truth a while ago.**
**I left everything behind me after that blow.**

**The moon makes me sad**
**the night is still young.**
**The love makes me mad,**
**while you're the unsung.**
**The darkness drives me crazy,**
**holding to the spiritual being.**
**Tuck me close in your arms,**
**while the act remains unseen.**

Love & Myths

**The story of every night begins**
**with end of a long standing myth.**
**The tale that was waiting to be told,**
**before I could reach that threshold.**
**It took me a while to understand the game,**
**all this happened when I was on a flame.**

At night, my mind floats
in the deep sea of uncertainty.
I wonder why it keeps wandering,
just so eternally.
I am just no longer amused,
with the ongoing voyage.
It's less of a journey and more
of an annoyance.

**Tag me with your love,**
**Take me to the glory.**
**Bring me the joy,**
**Make me your story.**
**Don't just ask for it,**
**Let's conquer the height.**
**Shinning beyond the clouds,**
**Mysterious glowing knight.**

**The more I think about you,
I dwell deeper.
All alone into the dark corners,
I am a lone sleeper.
Although this separation wasn't
the unfounded sea,
A sense of remorse has
surrounded me.
Everything that mattered
is inside a grave,
The memories now aren't
enough for the brave.**

**I keep going back in time,
still wondering if the
situation was worth the crime.
The moment I visit that memory
the past hounds me,
to the point of treachery.
A hope of reunion takes me
to the old trails,
and now it breaks the spirit down
to the scales.**

**The walk along the sunset,**
**brings back the beautiful evenings.**
**These are all I have in**
**the name of feelings.**
**It's end of another day,**
**waiting for that laughter**
**running across the bay.**
**Things paused a while ago,**
**nothing holds me back now**
**I am still in a dilemma though.**

**Feeling the joys of tranquility**
**jumping a leap of faith**
**for an outrageous wraith.**
**The stars have diminished,**
**the skies above have no glare**
**everything is hanging mid air.**
**The search for peace will thrive,**
**continue to the unseen corners**
**where I go down to dive.**

**This is my cage,**
**it keeps fuelling my rage.**
**Feathers to liberation have vanished,**
**my feelings are now banished.**
**Little is done to get freedom,**
**during anytime this season.**
**I will rise to regain,**
**back from the ashes**
**to fly again.**

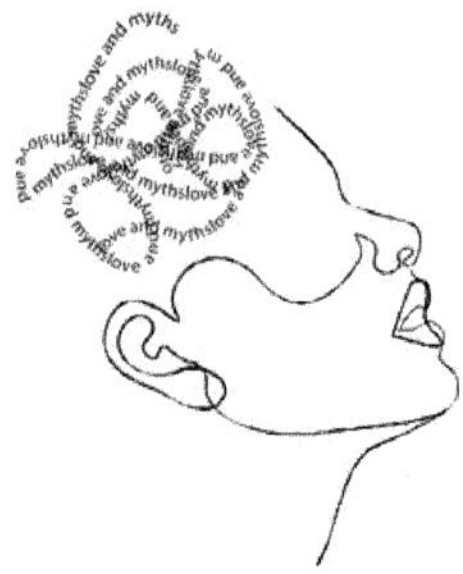
love and myths

**He damaged himself to fix her**
**The only thing left**
**was a permanent slur.**
**The truth is hidden behind the rosy cheeks.**
**The pain went on for many weeks.**
**Untimely wasn't the right word to express.**
**The memories now remain left to suppress.**

**I adored you, always**
**while my eyes were closed.**
**Realized that beauty stays**
**even when it's not exposed.**
**Courage lasts longer**
**when I see you around.**
**The eyes sways me away,**
**makes the heart pound.**
**Faith is prominent to hold**
**in this story way too old.**

**So the story goes on,**
**in hopes to stay till end.**
**The tale must live**
**to go beyond and transcend.**
**The prophecy may**
**soon be the truth,**
**This is the end**
**of the tiring youth.**
**What we loose,**
**is too insane.**
**In the name of love,**
**it's all in vain.**

**The loner I have always been,**
**whether to mean or not to mean.**
**Things that I have never seen,**
**is far away the only green.**
**True to self is a dream,**
**walked past into the sunlight**
**without the scream.**
**When I finally reach the high,**
**on the flight to the point**
**where limit is sky.**

**I traveled across the planet**
**looking to end this menace.**
**I looked around everywhere**
**for the answers found nowhere.**
**The voyage doesn't seem to end**
**for this life I am looking at a friend.**
**Tired with all my hopes lost**
**I am just waiting fingers crossed.**
**Running back to a happy place,**
**Just to catch up on the space.**

**Nothing really hurts**
**there is no pain**
**it's all just endless suffering**
**waiting to be uncovered by fame**
**Who cares what really matters**
**what it means to try**
**when all you witness is a fairytale covered**
**in countless lies**
**What you see isn't knowledge**
**and your beliefs aren't going to die**
**your feelings aren't final truth**
**whatever path you choose to survive**
**Why do you choose to make a difference**
**why you want to leave the mark of life**
**probably that hustle gives you meaning**
**the purpose you were trying to find**
**something that makes you relevant**
**in this crowded light**
**Now you ask me**
**how to live inside the chaos**
**how to live without pain and fly**
**but the fact it's ever evolving**
**changes the reality in a glorious fight**

I fell in love with her,
without any liquor.
Out of my guiding senses
just within a flicker.
The beauty was dropped from heavens to
spread the light across mighty seven.
But the affection was never returned,
what once felt amazing
was nothing but just concern.
I was stranded like a bruising skeptic,
nothing left yet everything was pathetic.

**The roads are my hosts,**
**close to my internal ghosts.**
**I just ride along in this journey,**
**to the stars away from the penny.**
**I have this new found temptation,**
**pushing me towards an unknown destination.**
**On the way I found this ground,**
**Left me to a superficial spellbound.**
**Let's just call it home for a while,**
**Before I leave again for the next mile.**

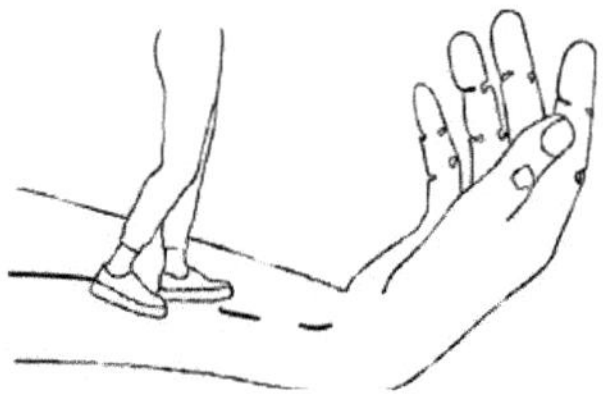

**I dream of a place**
**where the hills are touching the sky**
**These are mountains of glory**
**of the unheard human cry.**
**The giants are growing by the day,**
**defining a beautiful night skyline.**
**All of us are running towards the peak,**
**and the rock is getting steeper**
**with every failing weak.**

**His lips took away her breath,**
**while she held on to the raging meth.**
**And more closer he got to her**
**the harder it was for him to concur.**
**The moment she felt that sensuous touch and**
**longer was he inside her clutch.**
**There is no escape to this unholy union**
**for them to pass through a new communion.**

**Let's go back in time**
**and start the journey again,**
**The path that leads my destination**
**is the cry of soul with pain.**
**The words engraved on these milestones**
**are only memories I carry along.**
**I see you on the other side away**
**from the suffering in this zone.**

**His fingers moved across that bosom,
pushed her to the wall
and held her on the bottom.
She clawed him fierce on the back,
with growing passion
locked grip on his carnal sack.
The burning desire is holding souls,
grabbing on to this moment
for the common goals.
Let this fire ignite our love tonight,
don't be timid towards the
ravening loins for the light.**

Let me tell you a story tonight
cold and blue of that girl in white
The lonely soul was out in the wild
struggling in gravel away from it's kind
She looked mesmerizing with
droplets falling from her hair
While I was finding a place to hide
but she didn't mind my stare.
It was like a dream and I wanted more
The visual of her walking
nonchalant along the shore
A carefree girl she was, or a mythological queen
I don't know yet, but she wasn't anything
I had ever seen.

**The night goes on and on**
**while we play this beautiful song**
**The act is opening a heavenly door**
**entwined close to you hard to ignore**
**Your breath is taking my breath away**
**just don't let me go to the calm ways**

**Keep stoking till I reach the new dimensions**
**wanting for more in process of affection.**
**Since you have left**
**my heart is only glued to this mode**
**waiting for a miraculous new episode**

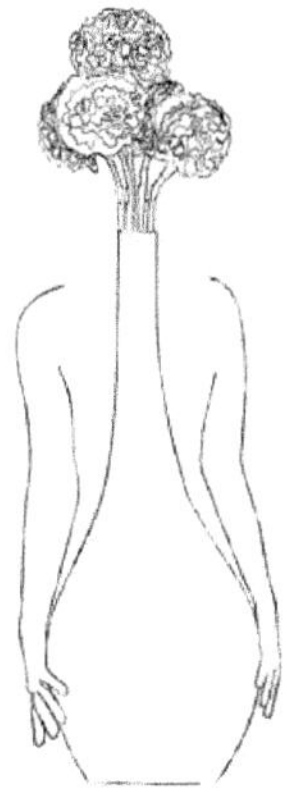

**The heart that was longing to be**
**tired, worn searching**
**answers for it's plea**
**Wisdom that was forgotten long**
**gone now emerging with the new life song**
**Purpose is your only path it says**
**just go out there**
**and make some waves**
**Whatever direction you take this time hold**
**on to a notion of the greatest climb**
**This is what only makes you a man**
**standing forever and serving life span.**

**This is exactly what it feels like**
**same day, same love, same trouble in**
**hindsight**
**pushing your all sense**
**in what it could be**
**keep falling again and again**
**to everything that you see**
**it ain't easy your patience**
**will be tested every time you breath**
**every moment you step**
**every night you sleep**
**but tomorrow you will get**
**another chance**
**prepare yourself for that today**
**and keep moving forward**
**till you reach that**
**place to enhance**

I kept walking this road alone
while strolling with you
I created some memories
and you were hiding a magic of your own
I kept covering this distance
as I was coming close to you
wanting your heart
and you were holding us apart
to further our resistance
I kept all the songs
felt all those words inside me
everything that was an unstated bond
suffocating me as long as you could
until I let go of the broken wands.

I was walking in my dream
intriguing as it may seem
crossing the twisted lanes,
passing by shady small houses
I witnessed a glaring window in a corner
filled with stars and demons
crazy as it may sound
this was something scary and profound
I looked closer inside
and it was the hidden death
fading my loved ones in oblivion
I could see the reason
they don't exist now
and there were my answers on how
these were my unsolved
nightmares always creeping in my head
I have some terrible hallucinations since then
and it keeps getting darker with my pen.

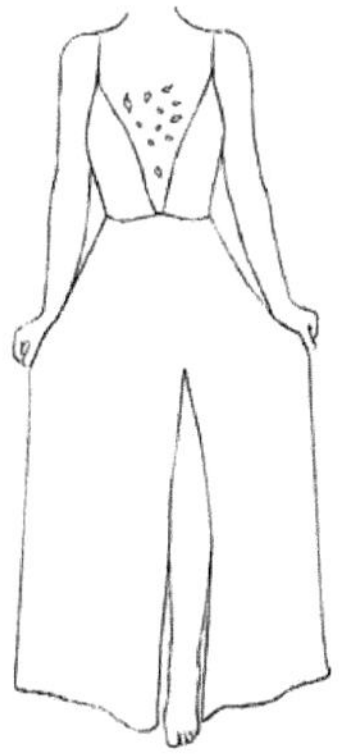

**I tried with all my heart
holding her hand through the dark
Broken she was when I saw her
somehow holding the exterior together
I fed her hope gave her smile
held her hand while walking the miles
Things turned around and she was out of pain
once dead flower is blooming again
I fell for her going out of my way
but she won't like me the way I did
and just kept pushing me away
Until one day when I was done
she just kept taking it all
but reciprocated nothing in return
I wanted to leave take a stand
it was toxic unrequited love
as no longer she was holding my hand
I simply left
cried with all my heart
no good byes didn't see her off
It was a new beginning for me
as am on a flight to nowhere
scrapping skies with my own hands now.**

I don't know why
I keep going back
whether I was just complete
or there was something I really lacked
longer I kept pondering
for all I could have
I don't know why I keep getting insane
memories would stay the same
and I am still hoping for things to change
and all I get is an excruciating pain
I don't know why I still believe
the moments I never received
feelings died little slower
but nothing was ever revealed
I don't know why this won't end
facing a demon
that would continue to offend
strong enough to hold me down
pushing me to suffer the descent
I don't know why

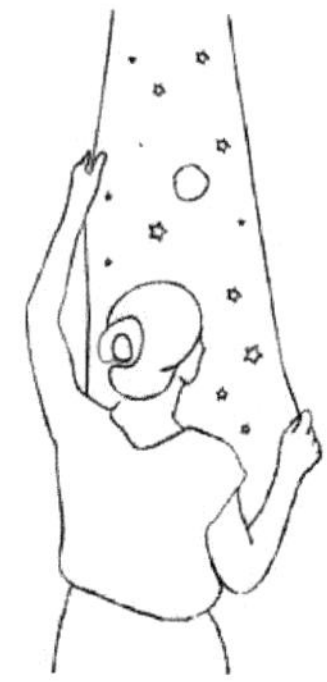

It all happened yesterday
when I was driving through the highway
Piercing the darkness in a speeding car
but the light couldn't reach where I was
Got to know what not knowing felt like
it was just another blow to my life
All I could feel were the flowing tears
crying out loud for the lost years
It was helpless and terribly uncertain
and was getting difficult to
carry on the excessive burden
I wish someone held me
and told me it was fine
Everything that I was going through
will eventually help me shine
But no one heard
and I left in silence
putting an end to this misery
created by troubled violence.

**I remember you calling last year
saying you were sorry
for every drop of tear
I remember telling you how I felt
going forward was really hard
in every word I spelled
I remember suffering the brutal pain
for everything that left
my heart unimaginably insane
I remember everything
but you seem to remember none
I am falling back in the same trap
believing us to be the one.
I know you never meant a word
as it broke apart and hell went loose
I don't know why but I still wanted
just one last truce**

**I would like you to lift me in your arms**
**hold me close to your addictive charm.**
**I would like you to hear the pumping beat**
**for you to find the power of your heat.**
**I want to kiss you deep as we snuggle**
**while I am lost in galaxy of your eyes,**
**without any struggle.**
**I want to breathe your soul in me**
**pushing away any doubts we see.**
**I wish you to be my strength**
**leave marks of your presence**
**as the night spends**
**I wish you to fill me with your ecstatic drug**
**and I crave further for more in lust.**

**just when I felt you
just when you sensed me
just when I need you
just when you leave me
just when I want you
just when you taunt me
just when I miss you
just when you hit me
just when I loved you
just when you lost me**

Let's go for walk together
and explore this cold weather
We will find a new place to hide
while you stay with me tonight
Your presence simply melts my heart away
and the love is working in mysterious way
I want to feel your intimate affection
clouding my judgement is your enigmatic perfection
I will stand by you to the moon and back
just now want you in my arms
so there's nothing that I lack.

**the room is filled with laughter and cry**
**even when you're faraway in sky**
**the sheet still smells like you**
**just like the petals of winter's dew**
**bright walls are screaming your name**
**all shades and hues are the same**
**music is just another symphony of your touch**
**and I still live to love you**
**with memories of us holding each other in rough**

Love & Myths

**so what is it you feel**
**when you touch my palm**
**when you stroke my hair**
**what is it you feel**
**when you're lost in my eyes**
**when you keep your head**
**in my arms**
**what is it you feel**
**when you slip on my breasts**
**when you swirl your tongue**
**on my heaving charm**
**what is it you feel**
**when you paint me with love**
**when you end all my eagerness**
**with your soothing calm**

I am seeing this rainfall
first time in a while
drops of water and the showering sky
this is the love
that has been bestowed on us
gems of heaven
in the cloudy night
how could someone not feel the emotion
get soaked in love
and feel the wind in commotion
stars are nowhere to be seen tonight
but the lightning still shines my sight

**I lose myself time and again
in an effort to hold you
that's always in vain
but I often wonder
why I have to keep you close
when you keep saying
you love me the most
I wonder why I am scared
why afraid of loosing you
isn't our affection enough
to keep us together
just me and you.**

**It doesn't sound like anything**
**it is still carrying everything**
**it beats like my heart**
**it is deep like the wind**
**it is strong as the fall**
**it is calm yet refined**
**through the glass its light and shine**
**its soulful and bliss**
**without ignorance**
**its moment with the kiss**
**its sound of my silence**
**doesn't sound like anything**
**it is still carrying everything.**

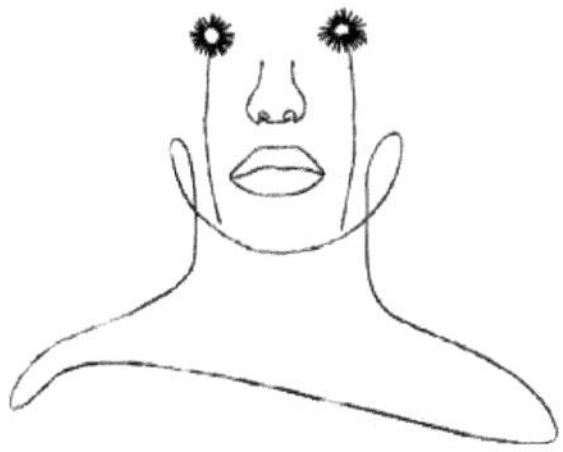

**Everything reminds of you**
**half filled glass of wine**
**plant on my window crying**
**but I promise you**
**I will be fine**
**stagnant water in the sea**
**my feelings rotting**
**down to the satanic beauty**
**heart continues to whine**
**but I promise you**
**I will be fine**
**I am still feeling your hands on me**
**your breath deep inside beat**
**you possess a piece of mine**
**but I promise you**
**I will be fine**

**It's about the time when I took a flight**
**cruising with the speed of light**
**Flashing memories from our lives**
**are all over the boundless skies**
**Several visible hurdles around**
**forcing me to stay on the ground**
**Waiting for a clue from the stars**
**to continue the journey for hours**
**Hope is what remains, in this endless delay**
**steady I am to run for the final stay.**

**It was a sin**
**that creates chaos**
**unfathomable fear**
**crushing my soul.**
**Holding my thoughts**
**striking my veins**
**it's an ongoing battle**
**spilling blood is game.**
**What's left to cherish**
**in this memory**
**seeking truth is pain.**
**Life as I know it now**
**is bit of anger**
**and harrowingly insane.**

**You are a soul in stars**
**alone on your journey**
**carrying memories on the way**
**while you walk every new day**
**these are your companions for a while**
**as you continue your voyage and a smile**
**it has been going on for centuries**
**and will follow till eternity**
**for the growing on song**
**we live we die and it goes on.**

**I want you to know
all I have got is yours
For all of my nights
those filled with dreams
Moment we held
lasted longer in the realm
We were living in a different world
losing thoughts and growing up to
the beauty of a vicious curled
This is the very own
curse I smoked
I figured out a new reality
mesmerizing and unprovoked.**

**It's strange when
you are in pain.
It's strange when
you don't like the rain.
It's strange coz
you don't wanna
cry out loud.
It's strange coz
you still wanna
suffer in the crowd.
It's strange coz
everything doesn't feel
the same.
It's strange coz
you are holding
on to a frame.
It's strange that
you aren't saying
what you feel.
It's strange that
you are still
making it a big deal.**

**Maybe you were just disappointed
and walked way to far
pained, let down again
beaten and ripped apart
Maybe you were furious with anger
and couldn't handle the facade
It led to emotional outbursts
with something pretty odd
Maybe we didn't get it
what you meant
and could have cherished
the time we spent
Maybe I was wrong all this while
kept blaming you
when I really cried
should have held you close
keeping you by my side
But I wonder why you just left
leaving me all alone
with your empty quest
where would I find you now
I don't know where to start
I am just broken like a dream
in scary pitch dark**

**I don't want to talk**
**but I just want you to approach**
**I want you to feel the pain in hope**
**I don't want to hurt you**
**but just want to see you bleed of course**
**I want you to feel the agony in force**
**I don't even care now how you feel**
**yes and I am being a jerk**
**but that's not a big deal**
**Apparently it's all that you wanted to see**
**now here I am a nightmare in full spree**
**Why wouldn't you hold me**
**Why would you run away now**
**Why would you be so afraid of the consequences**
**Am I that bad somehow**
**Let's hear some music sweetheart**
**our favourite playlist on the roll**
**and I will show you the beast I am**
**when I am exposing you on the floor.**

**As the night goes on**
**I am walking down**
**am waiting for the dawn**
**I am soaked all in love**
**drowning in hopes**
**searching for arms**
**to hold me close**
**Time and again**
**I keep forgetting the norm union**
**was a blissful melody and is now**
**a raging song**
**It's kind of an addiction**
**I just can't let it go as warned**
**but to keep her close**
**is inviting another storm.**

We are all lonely,
going through countless hours
of suffering and pain
just like toddlers keep hurting
ourselves in our struggle to fame
while most of us can't even walk but
want to fly
looking for temporary shelter
in endless ideologies
from books and guides
and it's disastrous
to runaway from our deeds
and accountability to act
until then eyes are glued in sky
searching for a saviour
in hopes to survive the pack

**Inches closer you and me**
**Inches away from ecstasy**
**Inches into an oblivion**
**Inches deeper in the union**
**Inches above the high**
**Inches below the sight**
**Inches of your violent passion**
**Inches of my growing compassion**
**Inches of our burning desire**
**Inches through an outrageous fire**
**Inches locked in sensual pleasure**
**Inches finding our own treasure.**

**The love I need**
**is not from here around**
**it sleeps in blissful peace**
**and wakes up to chirping sound.**
**The love I need**
**is what they call a fairy tale**
**it makes home in stars**
**and breathe joy in every exhale.**
**The love I need**
**is strong blazing thunderstorm**
**it uproots all the hate**
**and silent all raining qualms.**

**My dear self**
**don't loose heart**
**you are going to stumble**
**you will be torn apart**
**my dear self**
**just don't loose heart**
**my dear self**
**you will fall down**
**and hurt yourself bad**
**years will pass and you will**
**remain sad**
**but my dear self**
**just don't loose heart**
**my dear self**
**you are going to fly high will**
**recognize the strength**
**and will wonder**
**why you didn't see the sky**
**but my dear self**
**just don't loose heart**
**and live to enjoy**
**your journey this far**
**but just don't loose heart.**

I would have taken you for a ride
the way you wanted
on top of me for the whole night
You would have felt the touch of sin the
one you are craving for
inside your mortal skin.
The everlasting love we seek
is all captured in a moment
as we die in each others arms at peak.

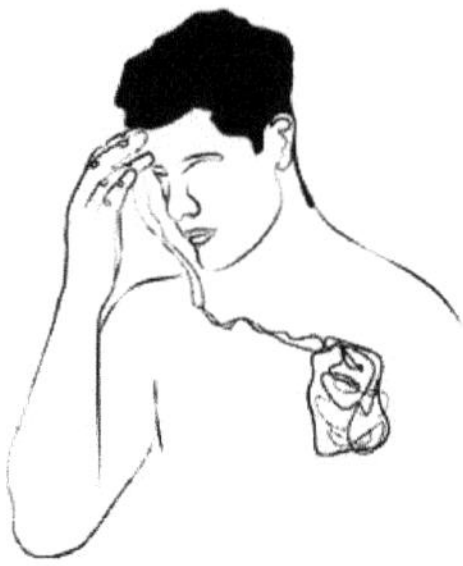

In my sleep I am the hope
pushing away all the doors
breaking down the barriers
walking down the dangerous roads
In my sleep I am the light
looking for difficulties beyond my sight
treating once left out on the shore
searching anxiously for new heights.

**I am broken, shattered down to the core**
**No I haven't any strength left**
**to accumulate the pieces no more**
**I am just waiting for the wind**
**to blow me away in boundless sky**
**Who cares what matters and what isn't**
**if all I have left is to die**
**I have no more hopes to live,**
**not any dreams left to survive**
**Neither for me nor for my loved ones**
**you call me selfish and that's absolutely fine**
**Coz it's you who took away my reasons to win**
**only thing I ever cherished**
**even in not so pleasant phases of grim**
**I will no longer complain or argue over this mess**
**or I have to repeatedly hear about my failure**
**where you will forget everything I have done right**
**in your constant effort to demean and suppress**
**I wonder how could you be always right**
**as if you are not guilty of failing among the best**
**that's all I thought it has to be survival of the fittest**
**now I realize it takes more before you can rest**
**I relied upon you to show me the light**
**but you sucked on my energy like a black hole in disguise**
**Now I am left scattered all over the ground**
**let the wind blow me away to some new land in town.**

I don't know why I am exploring
why I keep moving on
I find peace wherever I go
but the calm is long gone
I wonder how could I get
what I am looking for
I don't know for
how long the journey could go on
Sometimes I am tired
and feel exhausted
Sometimes I am just
feeling hopeless and wrong
Am I really searching for a reason
or I am just running away
from what I own
The classic example of
surrounded by many
but not even one
who could hear me moan
At last I have the silence for now
so no one could hear me cry
when I am alone
probably some things are better left unsaid
coz words aren't enough to explain
what's going on.

Inside these woods I waited for hours
foolishly looking for you
to come back in my arms
Somehow I expected you to turnaround
and cherish the setting sun
hiding behind the clouds
The dawn wasn't pleasant and warm as it used to be
and it took away the fragrance you had with me
I just don't want to go back now
it reminds me of the loneliness I had
with feelings of shame
Something that I just can't forget
every time I hear your name
I am stuck in that forest with glimpses from past
doesn't matter I am sleeping or awake
just can't get over the ruthless cast
I wish someone could pull me out of this mess
it matters the most in this hour of stress

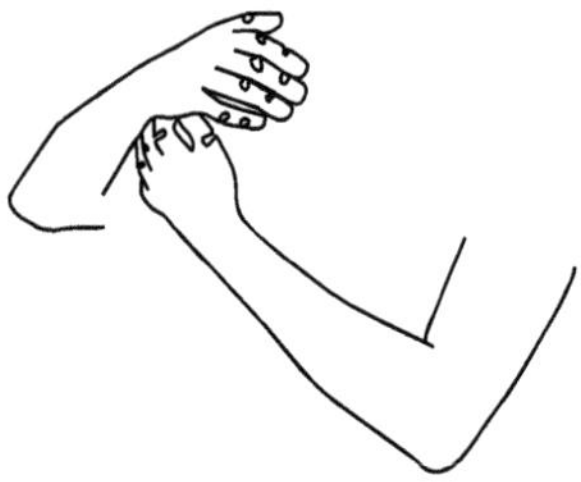

As if it wasn't enough
what I feel
but you would hurt me again
even before I heal
I still couldn't recover from
the mesmerizing blue eyes
As if they would uncover
the bright morning skies
Is it just me
who is witnessing this love in pink
As if the dots
are suppose to connect in a blink
I don't know
if this is sinking me deep
I don't know
if I am flying high in sleep
Surely this doesn't mean anything as
you say
As if you were
waiting for me throughout the day.

I wish we were secluded in cold
isolated in each other's arms we hold
stories of pleasure is all we made
camping in a forest covered with snow
Love is just not enough so the pain
I am loosing myself in fragrance of game
don't know if I would call it black magic
I have little awareness of the origins it came
It's when I am inside you deep in your soul
every limit would break and
new connections will be explored
It's all what you are looking for
all we ever adored
continues to excite us as we score

**She was once there for me**
**now seems to be a distant glory**
**I am seeking my path to destination**
**while she is no longer in territory**
**Terrible I am to let her go in the stars**
**now asking for directions to unknown**
**while I am stumbling my way through Mars**
**Its stupid to continue the search now**
**she has long gone to another world now**
**I am still hoping to cross her some day**
**while endlessly strolling this journey my way**
**Walking down this lane was never meant to be**
**as I look for answers to this mystery**
**and explore my world deep down the sea**

**Love and Myths is about journey of a man and his struggles with human emotions. In this book Taran has worked his way to set up all kinds of stories.**

**These are about the ones who are suffering, ones who are embracing, ones who are rejected, ones who are accepted, ones who just don't care, ones who are too careful, ones who dream and ones who live the nightmare.**

**This book will open a pandora's box and will take you to wander down the rabbit hole. These poems will give you a different vision and a new perspective.**

## About Author

**Taran is a guy next door in his early 30's, currently slogs his nights in a corporate job. A man of few words but likes to speak with his writing. The love for writing goes back to his school days.**

**It took some time before finally he was able to pull off something in creative writing. Apart from poems, he also writes stories and screenplays. He is a curious soul always looking for something more appealing.**

**The creations has inspiration flowing from travel. He has a huge crush for exploring new places and solo traveling is always part of the bucket list. His adventures and experiences are very prominent in his work.**

Love & Myths, Taran

@love.of.ink

@IAMTARAN

@AllAboutTaran

www.ingramcontent.com/pod-product-compliance
Ingram Content Group UK Ltd.
Pitfield, Milton Keynes, MK11 3LW, UK
UKHW021401190726
13845UKWH00028B/814

9 789357 685719